Vorwort

Alles aus dem Glas mit dem Thermomix TM5. Alle
Dinge eignen sich gut als Geschenk, kleines Mitbringsel
oder zur Vorratshaltung. Auch Anfänger können die
Rezepte spielend leicht nacharbeiten. Ich wünsche Ihnen
viel Spaß mit meinem Buch.

Inhaltsangabe

Milchmädchen Kuchen im Glas
Karamell Kuchen im Glas
Rum Kuchen im Glas
After Eight Kuchen im Glas
Apfel Marzipan Kuchen im Glas
Gummibärchen Kuchen im Glas
Schwarzwälder Kirsch Kuchen im Glas
Kokos Rum Kuchen im Glas
Pflaumenmus Zimt Kuchen im Glas
Macadamia Weiße Schokolade Kuchen im Glas
Schoko Chili Kuchen im Glas
Lebkuchen im Glas

Marmelade

Himbeere Bananen Marmelade
Erdbeere Balsamico Marmelade
Avocado Aprikosen Marmelade
Birnen Marzipan Marmelade
Apfel Mohn Marmelade
Brombeere Marmelade
Clementine Bananen Marmelade
Feigen Zimt Marmelade
Granatapfel Rotwein Marmelade
Heidelbeere Marmelade
Honigmelone Holunder Marmelade
Himbeere Avocado Marmelade
Kiwi Avocado Marmelade
Schoko Kirsch Marmelade
Lychee Marmelade
Mango Maracuja Marmelade
Mirabellen Weißwein Marmelade

Orangen Chili Marmelade
Pfirsich Bananen Marmelade
Pomelo Gewürz Marmelade
Papaya Birnen Marmelade
Weintrauben Wassermelone Marmelade

Gelee

Weißwein Gelee
Holunderbeersaft Gelee
Johannisbeere Vanille Gelee
Glühwein Gelee
Grüntee Gelee
Multivitamin Gelee
Birnen Gelee
Rum Rosinen Gelee
Blutorangen Gelee
Kirsch Chili Gelee
Rote Bete Gelee
Apfel Karotten Gelee
Granatapfel Rotwein Gelee
Apfel Gelee
Tomaten Basilikum Gelee
Kokos Gelee
Karamell Gelee

Curd

Orangen Curd
Erdbeere Curd
Schoko Mandel Curd
Milch Curd
Sonnenblumenkern Curd
Zitronen Curd
Zimt Curd
Bananen Curd
Johannisbeere Curd
Waldmeister Curd
Vanille Rosinen Curd
Himbeere Curd

Nachtrag zum Impressum/ Copyright

Spekulatius Kuchen im Glas

Zutaten
5 Eier
200 g Zucker
1 Pck. Vanillezucker
250 g Öl
250 g Sahne
250 g Mehl
1 TL Spekulatiusgewürz
½ TL Zimt
1 Pck. Backpulver

12 Gläser für jeweils 240 ml Inhalt
etwas Butter und Semmelbrösel für die
Gläser

Zubereitung

Alle Zutaten in den Mixtopf geben. Auf Stufe 5/ 1
Minute rühren. Den Teig nach unten schieben und
nochmals 30 Sekunden auf Stufe 5 rühren. Die Gläser
mit Butter gut einfetten und mit Semmelbrösel einstreuen.
Nun die Gläser zur Hälfte mit Teig befüllen und auf das
Backblech stellen. Bei 180 Grad Ober und Unterhitze ca.
30 Minuten backen. Danach die Gläser sofort
verschließen.

Kokos Kuchen im Glas

Zutaten
5 Eier
200 g Zucker
1 Pck. Vanillezucker
250 g Öl
250 g Sahne
250 g Mehl
100 g Kokosraspeln
½ TL Zimt
1 Pck. Backpulver

12 Gläser für jeweils 240 ml Inhalt
etwas Butter und Semmelbrösel für die
Gläser

Zubereitung
Alle Zutaten in den Mixtopf geben. Auf Stufe 5/ 1
Minute rühren. Den Teig nach unten schieben und
nochmals 30 Sekunden auf Stufe 5 rühren. Die Gläser
mit Butter gut einfetten und mit Semmelbrösel einstreuen.
Nun die Gläser zur Hälfte mit Teig befüllen und auf das
Backblech stellen. Bei 180 Grad Ober und Unterhitze ca.
30 Minuten backen. Danach die Gläser sofort
verschließen. Nach Belieben dekorieren und verschenken.

Aprikosen Traum im Glas

Zutaten
5 Eier
200 g Zucker
1 Pck. Vanillezucker
250 g Öl
250 g Sahne
250 g Mehl
100 g Aprikosen, getrocknet
50 g Mandelsplitter
1 Pck. Backpulver

12 Gläser für jeweils 240 ml Inhalt
etwas Butter und Semmelbrösel für die
Gläser

Zubereitung
Alle Zutaten in den Mixtopf geben. Auf Stufe 5/ 1
Minute rühren. Den Teig nach unten schieben und
nochmals 30 Sekunden auf Stufe 5 rühren. Die Gläser
mit Butter gut einfetten und mit Semmelbrösel einstreuen.
Nun die Gläser zur Hälfte mit Teig befüllen und auf das
Backblech stellen. Bei 180 Grad Ober und Unterhitze ca.
30 Minuten backen. Danach die Gläser sofort
verschließen.

Stracciatella Kuchen im Glas

Zutaten
5 Eier
200 g Zucker
2 Pck. Vanillezucker
250 g Öl
250 g Sahne
250 g Mehl
150 g Schokotropfen
1 Pck. Backpulver

12 Gläser für jeweils 240 ml Inhalt
etwas Butter und Semmelbrösel für die
Gläser

Schokoladen Kuvertüre

Zubereitung
Alle Zutaten in den Mixtopf geben. Auf Stufe 5/ 1
Minute rühren. Den Teig nach unten schieben und
nochmals 30 Sekunden auf Stufe 5 rühren. Die Gläser
mit Butter gut einfetten und mit Semmelbrösel einstreuen.
Nun die Gläser zur Hälfte mit Teig befüllen und auf das
Backblech stellen. Bei 180 Grad Ober und Unterhitze ca.
30 Minuten backen. Kuvertüre nach Packungsanweisung
schmelzen und den Kuchen damit verzieren. Danach die
Gläser sofort verschließen.

Glühwein Kuchen im Glas

Zutaten
5 Eier
200 g Zucker
1 Pck. Vanillezucker
250 g Öl
100 g Sahne
150 g Glühwein
1 TL Orangenschale
1 TL Zitronenschale
250 g Mehl
1 TL Glühweingewürz
½ TL Zimt
1 Pck. Backpulver

12 Gläser für jeweils 240 ml Inhalt
etwas Butter und Semmelbrösel für die
Gläser

Zubereitung
Alle Zutaten in den Mixtopf geben. Auf Stufe 5/ 1
Minute rühren. Den Teig nach unten schieben und
nochmals 30 Sekunden auf Stufe 5 rühren. Die Gläser
mit Butter gut einfetten und mit Semmelbrösel einstreuen.
Nun die Gläser zur Hälfte mit Teig befüllen und auf das
Backblech stellen. Bei 180 Grad Ober und Unterhitze ca.
30 Minuten backen. Danach die Gläser sofort
verschließen. Eignet sich als hübsches Geschenk für
Weihnachten.

Heidelbeere Vanille Kuchen im Glas

Zutaten
5 Eier
200 g Zucker
2 Pck. Vanillezucker
250 g Öl
250 g Sahne
250 g Mehl
100 g Heidelbeeren
1 Pck. Backpulver

12 Gläser für jeweils 240 ml Inhalt
etwas Butter und Semmelbrösel für die
Gläser

Zubereitung
Alle Zutaten in den Mixtopf geben. Auf Stufe 5/ 1
Minute rühren. Den Teig nach unten schieben und
nochmals 30 Sekunden auf Stufe 5 rühren. Die Gläser
mit Butter gut einfetten und mit Semmelbrösel einstreuen.
Nun die Gläser zur Hälfte mit Teig befüllen und auf das
Backblech stellen. Bei 180 Grad Ober und Unterhitze ca.
30 Minuten backen. Danach die Gläser sofort
verschließen.

Erdbeere Balsamico Kuchen im Glas

Zutaten
5 Eier
200 g Zucker
1 Pck. Vanillezucker
250 g Öl
200 g Sahne
30 g Balsamico Essig
1 Prise Pfeffer
250 g Mehl
100 g Erdbeeren
1 Pck. Backpulver

12 Gläser für jeweils 240 ml Inhalt
etwas Butter und Semmelbrösel für die
Gläser

Zubereitung
Alle Zutaten in den Mixtopf geben. Auf Stufe 5/ 1
Minute rühren. Den Teig nach unten schieben und
nochmals 30 Sekunden auf Stufe 5 rühren. Die Gläser
mit Butter gut einfetten und mit Semmelbrösel einstreuen.
Nun die Gläser zur Hälfte mit Teig befüllen und auf das
Backblech stellen. Bei 180 Grad Ober und Unterhitze ca.
30 Minuten backen. Danach die Gläser sofort
verschließen.

Brauner Zucker Bananen Kuchen im Glas

Zutaten
5 Eier
200 g brauner Zucker
1 Pck. Vanillezucker
250 g Öl
250 g Sahne
250 g Mehl
2 Bananen in Stücken
50 g Honig
40 g Erdnüsse
1 Pck. Backpulver

12 Gläser für jeweils 240 ml Inhalt
etwas Butter und Semmelbrösel für die
Gläser

Zubereitung
Alle Zutaten in den Mixtopf geben. Auf Stufe 5/ 1
Minute rühren. Den Teig nach unten schieben und
nochmals 30 Sekunden auf Stufe 5 rühren. Die Gläser
mit Butter gut einfetten und mit Semmelbrösel einstreuen.
Nun die Gläser zur Hälfte mit Teig befüllen und auf das
Backblech stellen. Bei 180 Grad Ober und Unterhitze ca.
30 Minuten backen. Danach die Gläser sofort
verschließen.

Weißwein Rosinen Kuchen im Glas

Zutaten
5 Eier
200 g Zucker
1 Pck. Vanillezucker
250 g Öl
150 g Sahne
100 g Weißwein
1 TL Essig
70 g Rosinen
100 g Mandeln, gemahlen
250 g Mehl
1 TL Spekulatiusgewürz
1 Pck. Backpulver

12 Gläser für jeweils 240 ml Inhalt
etwas Butter und Semmelbrösel für die
Gläser

Zubereitung
Alle Zutaten in den Mixtopf geben. Auf Stufe 5/ 1
Minute rühren. Den Teig nach unten schieben und
nochmals 30 Sekunden auf Stufe 5 rühren. Die Gläser
mit Butter gut einfetten und mit Semmelbrösel einstreuen.
Nun die Gläser zur Hälfte mit Teig befüllen und auf das
Backblech stellen. Bei 180 Grad Ober und Unterhitze ca.
30 Minuten backen. Danach die Gläser sofort
verschließen.

Schokoladen Orangen Kuchen im Glas

Zutaten
5 Eier
200 g Zucker
1 Pck. Vanillezucker
250 g Öl
250 g Sahne
250 g Mehl
50 g Kakao
1 TL Orangenschale
100 g Orangefilets, in Stücken
100 g Haselnüsse, gemahlen
1 Pck. Backpulver

12 Gläser für jeweils 240 ml Inhalt
etwas Butter und Semmelbrösel für die
Gläser

Zubereitung
Alle Zutaten in den Mixtopf geben. Auf Stufe 5/ 1
Minute rühren. Den Teig nach unten schieben und
nochmals 30 Sekunden auf Stufe 5 rühren. Die Gläser
mit Butter gut einfetten und mit Semmelbrösel einstreuen.
Nun die Gläser zur Hälfte mit Teig befüllen und auf das
Backblech stellen. Bei 180 Grad Ober und Unterhitze ca.
30 Minuten backen. Danach die Gläser sofort
verschließen.

Schwarzer Tee Milch Kuchen im Glas

Zutaten
5 Eier
200 g Zucker
1 Pck. Vanillezucker
250 g Öl
150 g Kondensmilch, 10 % Fett
100 g Schwarzer Tee
100 g Kandis braun, zerstoßen
50 g Mandeln, gehackt
30 g Schwarze Teeblätter, getrocknet
250 g Mehl

1 Pck. Backpulver

12 Gläser für jeweils 240 ml Inhalt
etwas Butter und Semmelbrösel für die
Gläser

Zubereitung
Alle Zutaten in den Mixtopf geben. Auf Stufe 5/ 1
Minute rühren. Den Teig nach unten schieben und
nochmals 30 Sekunden auf Stufe 5 rühren. Die Gläser
mit Butter gut einfetten und mit Semmelbrösel einstreuen.
Nun die Gläser zur Hälfte mit Teig befüllen und auf das
Backblech stellen. Bei 180 Grad Ober und Unterhitze ca.
30 Minuten backen. Danach die Gläser sofort
verschließen.

Pistazien Kuchen im Glas

Zutaten
5 Eier
200 g Zucker
1 Pck. Vanillezucker
250 g Öl
150 g Sahne
100 g Amaretto
150 g Pistazien, gehackt
250 g Mehl
1 Pck. Backpulver

12 Gläser für jeweils 240 ml Inhalt
etwas Butter und Semmelbrösel für die
Gläser

Zubereitung
Alle Zutaten in den Mixtopf geben. Auf Stufe 5/ 1
Minute rühren. Den Teig nach unten schieben und
nochmals 30 Sekunden auf Stufe 5 rühren. Die Gläser
mit Butter gut einfetten und mit Semmelbrösel einstreuen.
Nun die Gläser zur Hälfte mit Teig befüllen und auf das
Backblech stellen. Bei 180 Grad Ober und Unterhitze ca.
30 Minuten backen. Danach die Gläser sofort
verschließen. Der Kuchen ist ca. 3 Monate haltbar.

Maronen Kuchen im Glas

Zutaten
5 Eier
200 g Zucker
1 Pck. Vanillezucker
250 g Öl
250 g Sahne
250 g Mehl
100 g Maronen, gekocht
½ TL Zimt
1 Pck. Backpulver

12 Gläser für jeweils 240 ml Inhalt
etwas Butter und Semmelbrösel für die
Gläser

Zubereitung
Alle Zutaten in den Mixtopf geben. Auf Stufe 5/ 1
Minute rühren. Den Teig nach unten schieben und
nochmals 30 Sekunden auf Stufe 5 rühren. Die Gläser
mit Butter gut einfetten und mit Semmelbrösel einstreuen.
Nun die Gläser zur Hälfte mit Teig befüllen und auf das
Backblech stellen. Bei 180 Grad Ober und Unterhitze ca.
30 Minuten backen. Danach die Gläser sofort
verschließen.

Marmor Kuchen im Glas

Zutaten
5 Eier
200 g Zucker
1 Pck. Vanillezucker
250 g Öl
250 g Sahne
250 g Mehl
50 g Kakao
1 Pck. Backpulver

12 Gläser für jeweils 240 ml Inhalt
etwas Butter und Semmelbrösel für die
Gläser

Zubereitung
Alle Zutaten außer den Kakao in den Mixtopf geben. Auf
Stufe 5/ 1 Minute rühren. Den Teig nach unten schieben
und nochmals 30 Sekunden auf Stufe 5 rühren. Die
Gläser mit Butter gut einfetten und mit Semmelbrösel
einstreuen. Die Hälfte des Teiges in die Gläser geben. In
die andere Hälfte das Kakaopulver geben und 30
Sekunden/ Stufe 5 rühren. Den Kakaoteig ebenfalls in die
Gläser geben und mit einer Gabel Marmormuster ziehen.
Die Gläser auf das Backblech stellen. Bei 180 Grad Ober
und Unterhitze ca. 30 Minuten backen. Danach die
Gläser sofort verschließen.

Zitronen Pfeffer Kuchen im Glas

Zutaten
5 Eier
200 g Zucker
1 Pck. Vanillezucker
250 g Öl
150 g Sahne
100 g Zitronensaft
1 Prise Ingwer, gemahlen
250 g Mehl
1 TL Zitronenschale
½ TL Pfeffer, weiß
1 Pck. Backpulver

12 Gläser für jeweils 240 ml Inhalt
etwas Butter und Semmelbrösel für die
Gläser

Zubereitung
Alle Zutaten in den Mixtopf geben. Auf Stufe 5/ 1
Minute rühren. Den Teig nach unten schieben und
nochmals 30 Sekunden auf Stufe 5 rühren. Die Gläser
mit Butter gut einfetten und mit Semmelbrösel einstreuen.
Nun die Gläser zur Hälfte mit Teig befüllen und auf das
Backblech stellen. Bei 180 Grad Ober und Unterhitze ca.
30 Minuten backen. Danach die Gläser sofort
verschließen.

Ananas Kokos Kuchen im Glas

Zutaten
5 Eier
200 g Zucker
1 Pck. Vanillezucker
250 g Öl
200 g Sahne
50 g Rum
250 g Mehl
100 g Ananas, gewürfelt
100 g Kokosraspeln
1 Pck. Backpulver

12 Gläser für jeweils 240 ml Inhalt
etwas Butter und Semmelbrösel für die
Gläser

Zubereitung
Alle Zutaten in den Mixtopf geben. Auf Stufe 5/ 1
Minute rühren. Den Teig nach unten schieben und
nochmals 30 Sekunden auf Stufe 5 rühren. Die Gläser
mit Butter gut einfetten und mit Semmelbrösel einstreuen.
Nun die Gläser zur Hälfte mit Teig befüllen und auf das
Backblech stellen. Bei 180 Grad Ober und Unterhitze ca.
30 Minuten backen. Danach die Gläser sofort
verschließen.

Marzipan Kuchen im Glas

Zutaten
5 Eier
200 g Zucker
1 Pck. Vanillezucker
250 g Öl
250 g Sahne
250 g Mehl
200 g Marzipan Rohmasse
1 Fläschchen Bittermandelöl
1 Pck. Backpulver

12 Gläser für jeweils 240 ml Inhalt
etwas Butter und Semmelbrösel für die
Gläser

Zubereitung
Alle Zutaten in den Mixtopf geben. Auf Stufe 5/ 1
Minute rühren. Den Teig nach unten schieben und
nochmals 30 Sekunden auf Stufe 5 rühren. Die Gläser
mit Butter gut einfetten und mit Semmelbrösel einstreuen.
Nun die Gläser zur Hälfte mit Teig befüllen und auf das
Backblech stellen. Bei 180 Grad Ober und Unterhitze ca.
30 Minuten backen. Danach die Gläser sofort
verschließen.

Orangen Ingwer Kuchen im Glas

Zutaten
5 Eier
200 g Zucker
1 Pck. Vanillezucker
250 g Öl
250 g Sahne
250 g Mehl
100 g Orangenmarmelade
1 TL Ingwer, gemahlen
1 TL Orangenschale, gemahlen
50 g Honig
1 Pck. Backpulver

12 Gläser für jeweils 240 ml Inhalt
etwas Butter und Semmelbrösel für die
Gläser

Zubereitung
Alle Zutaten in den Mixtopf geben. Auf Stufe 5/ 1
Minute rühren. Den Teig nach unten schieben und
nochmals 30 Sekunden auf Stufe 5 rühren. Die Gläser
mit Butter gut einfetten und mit Semmelbrösel einstreuen.
Nun die Gläser zur Hälfte mit Teig befüllen und auf das
Backblech stellen. Bei 180 Grad Ober und Unterhitze ca.
30 Minuten backen. Danach die Gläser sofort
verschließen.

Kandis Gewürz Kuchen im Glas

Zutaten
5 Eier
150 g Zucker
100 g Kandis braun, zerstoßen
1 Pck. Vanillezucker
50 g Honig
50 g Kakao
250 g Öl
250 g Sahne
250 g Mehl
1 TL Honigkuchengewürz
1 Prise Muskat
½ TL Zimt
1 Pck. Backpulver

12 Gläser für jeweils 240 ml Inhalt
etwas Butter und Semmelbrösel für die
Gläser

Zubereitung
Alle Zutaten in den Mixtopf geben. Auf Stufe 5/ 1
Minute rühren. Den Teig nach unten schieben und
nochmals 30 Sekunden auf Stufe 5 rühren. Die Gläser
mit Butter gut einfetten und mit Semmelbrösel einstreuen.
Nun die Gläser zur Hälfte mit Teig befüllen und auf das
Backblech stellen. Bei 180 Grad Ober und Unterhitze ca.
30 Minuten backen. Danach die Gläser sofort
verschließen.

Kirschkuchen im Glas

Zutaten
5 Eier
200 g Zucker
1 Pck. Vanillezucker
250 g Öl
250 g Sahne
250 g Mehl
100 g Kirschen
50 g Kirschwasser
100 g gemahlene Mandeln
100 g Schokoraspeln
½ TL Zimt
1 Pck. Backpulver

12 Gläser für jeweils 240 ml Inhalt
etwas Butter und Semmelbrösel für die
Gläser

Zubereitung
Alle Zutaten in den Mixtopf geben. Auf Stufe 5/ 1
Minute rühren. Den Teig nach unten schieben und
nochmals 30 Sekunden auf Stufe 5 rühren. Die Gläser
mit Butter gut einfetten und mit Semmelbrösel einstreuen.
Nun die Gläser zur Hälfte mit Teig befüllen und auf das
Backblech stellen. Bei 180 Grad Ober und Unterhitze ca.
30 Minuten backen. Danach die Gläser sofort
verschließen.

Vanille Kuchen im Glas

Zutaten
5 Eier
200 g Zucker
1 Pck. Vanillezucker
250 g Öl
250 g Sahne
250 g Mehl
1 Pck. Backpulver
Mark einer Vanilleschote

12 Gläser für jeweils 240 ml Inhalt
etwas Butter und Semmelbrösel für die
Gläser

Zubereitung
Alle Zutaten in den Mixtopf geben. Auf Stufe 5/ 1
Minute rühren. Den Teig nach unten schieben und
nochmals 30 Sekunden auf Stufe 5 rühren. Die Gläser
mit Butter gut einfetten und mit Semmelbrösel einstreuen.
Nun die Gläser zur Hälfte mit Teig befüllen und auf das
Backblech stellen. Bei 180 Grad Ober und Unterhitze ca.
30 Minuten backen. Danach die Gläser sofort
verschließen.

Hagebutten Kuchen im Glas

Zutaten
5 Eier
200 g Zucker
1 Pck. Vanillezucker
250 g Öl
150 g Sahne
100 g Hagebuttentee
250 g Mehl
100 g Hagebutten Marmelade
½ TL Zimt
1 Pck. Backpulver

12 Gläser für jeweils 240 ml Inhalt
etwas Butter und Semmelbrösel für die
Gläser

Zubereitung
Alle Zutaten in den Mixtopf geben. Auf Stufe 5/ 1
Minute rühren. Den Teig nach unten schieben und
nochmals 30 Sekunden auf Stufe 5 rühren. Die Gläser
mit Butter gut einfetten und mit Semmelbrösel einstreuen.
Nun die Gläser zur Hälfte mit Teig befüllen und auf das
Backblech stellen. Bei 180 Grad Ober und Unterhitze ca.
30 Minuten backen. Danach die Gläser sofort
verschließen.

Marzipan Orangen Kuchen im Glas

Zutaten
5 Eier
200 g Zucker
1 Pck. Vanillezucker
250 g Öl
250 g Sahne
250 g Mehl
100 g Marzipanrohmasse
100 g Orangenmarmelade
1 TL Zitronenschale
½ TL Zimt
1 Prise Muskat
1 Prise Pfeffer
1 Pck. Backpulver

12 Gläser für jeweils 240 ml Inhalt
etwas Butter und Semmelbrösel für die
Gläser

Zubereitung
Alle Zutaten in den Mixtopf geben. Auf Stufe 5/ 1
Minute rühren. Den Teig nach unten schieben und
nochmals 30 Sekunden auf Stufe 5 rühren. Die Gläser
mit Butter gut einfetten und mit Semmelbrösel einstreuen.
Nun die Gläser zur Hälfte mit Teig befüllen und auf das
Backblech stellen. Bei 180 Grad Ober und Unterhitze ca.
30 Minuten backen. Danach die Gläser sofort
verschließen.

Sonnenblumenkern Honig Kuchen im Glas

Zutaten
5 Eier
200 g Zucker
1 Pck. Vanillezucker
250 g Öl
250 g Sahne
200 g Mehl
50 g Haferflocken, zart
50 g Honig
100 g Sonnenblumenkerne
50 g Sesam
1 Pck. Backpulver

12 Gläser für jeweils 240 ml Inhalt
etwas Butter und Semmelbrösel für die
Gläser

Zubereitung
Alle Zutaten in den Mixtopf geben. Auf Stufe 5/ 1
Minute rühren. Den Teig nach unten schieben und
nochmals 30 Sekunden auf Stufe 5 rühren. Die Gläser
mit Butter gut einfetten und mit Semmelbrösel einstreuen.
Nun die Gläser zur Hälfte mit Teig befüllen und auf das
Backblech stellen. Bei 180 Grad Ober und Unterhitze ca.
30 Minuten backen. Danach die Gläser sofort
verschließen.

Erdnuss Cashew Kuchen im Glas

Zutaten
5 Eier
200 g Zucker
1 Pck. Vanillezucker
250 g Öl
150 g Sahne
100 g Erdnussbutter
120 g Cashew Kerne
250 g Mehl
1 TL Spekulatiusgewürz
½ TL Zimt
1 Pck. Backpulver

12 Gläser für jeweils 240 ml Inhalt
etwas Butter und Semmelbrösel für die
Gläser

Zubereitung
Alle Zutaten in den Mixtopf geben. Auf Stufe 5/ 1
Minute rühren. Den Teig nach unten schieben und
nochmals 30 Sekunden auf Stufe 5 rühren. Die Gläser
mit Butter gut einfetten und mit Semmelbrösel einstreuen.
Nun die Gläser zur Hälfte mit Teig befüllen und auf das
Backblech stellen. Bei 180 Grad Ober und Unterhitze ca.
30 Minuten backen. Danach die Gläser sofort
verschließen.

Schokoladen Salmiak Kuchen im Glas

Zutaten
5 Eier
200 g Zucker
1 Pck. Vanillezucker
250 g Öl
250 g Sahne
250 g Mehl
50 g Kakao
100 g Salmiakpastillen
100 g Schokolade, geraspelt
1 Pck. Backpulver

12 Gläser für jeweils 240 ml Inhalt
etwas Butter und Semmelbrösel für die
Gläser

Zubereitung
Alle Zutaten in den Mixtopf geben. Auf Stufe 5/ 1
Minute rühren. Den Teig nach unten schieben und
nochmals 30 Sekunden auf Stufe 5 rühren. Die Gläser
mit Butter gut einfetten und mit Semmelbrösel einstreuen.
Nun die Gläser zur Hälfte mit Teig befüllen und auf das
Backblech stellen. Bei 180 Grad Ober und Unterhitze ca.
30 Minuten backen. Danach die Gläser sofort
verschließen.

Milchmädchen Kuchen im Glas

Zutaten
5 Eier
200 g Zucker
1 Pck. Vanillezucker
250 g Öl
200 g Milchmädchen
100 g Milch
250 g Mehl
1 Pck. Backpulver

12 Gläser für jeweils 240 ml Inhalt
etwas Butter und Semmelbrösel für die
Gläser

Zubereitung
Alle Zutaten in den Mixtopf geben. Auf Stufe 5/ 1
Minute rühren. Den Teig nach unten schieben und
nochmals 30 Sekunden auf Stufe 5 rühren. Die Gläser
mit Butter gut einfetten und mit Semmelbrösel einstreuen.
Nun die Gläser zur Hälfte mit Teig befüllen und auf das
Backblech stellen. Bei 180 Grad Ober und Unterhitze ca.
30 Minuten backen. Danach die Gläser sofort
verschließen. Hübsch verpacken und eventuell
verschenken.

Karamell Kuchen im Glas

Zutaten
5 Eier
200 g Zucker
1 Pck. Vanillezucker
250 g Öl
250 g Sahne
250 g Mehl
100 g weiche Karamellbonbons
1 Pck. Backpulver

12 Gläser für jeweils 240 ml Inhalt
etwas Butter und Semmelbrösel für die
Gläser

Zubereitung
Alle Zutaten in den Mixtopf geben. Auf Stufe 5/ 1
Minute rühren. Den Teig nach unten schieben und
nochmals 30 Sekunden auf Stufe 5 rühren. Die Gläser
mit Butter gut einfetten und mit Semmelbrösel einstreuen.
Nun die Gläser zur Hälfte mit Teig befüllen und auf das
Backblech stellen. Bei 180 Grad Ober und Unterhitze ca.
30 Minuten backen. Danach die Gläser sofort
verschließen.

Rum Kuchen im Glas

Zutaten
5 Eier
200 g Zucker
1 Pck. Vanillezucker
250 g Öl
250 g Sahne
50 g Rum
100 g Mandeln, gestiftet
250 g Mehl
1 Pck. Backpulver

12 Gläser für jeweils 240 ml Inhalt
etwas Butter und Semmelbrösel für die
Gläser

Zubereitung
Alle Zutaten in den Mixtopf geben. Auf Stufe 5/ 1
Minute rühren. Den Teig nach unten schieben und
nochmals 30 Sekunden auf Stufe 5 rühren. Die Gläser
mit Butter gut einfetten und mit Semmelbrösel einstreuen.
Nun die Gläser zur Hälfte mit Teig befüllen und auf das
Backblech stellen. Bei 180 Grad Ober und Unterhitze ca.
30 Minuten backen. Danach die Gläser sofort
verschließen.

After Eight Kuchen im Glas

Zutaten
5 Eier
200 g Zucker
1 Pck. Vanillezucker
250 g Öl
250 g Sahne
250 g Mehl
100 g After Eight, zerbröselt
50 g Kakao
50 g Schokostreusel
1 Pck. Backpulver

12 Gläser für jeweils 240 ml Inhalt
etwas Butter und Semmelbrösel für die
Gläser

Zubereitung
Alle Zutaten in den Mixtopf geben. Auf Stufe 5/ 1
Minute rühren. Den Teig nach unten schieben und
nochmals 30 Sekunden auf Stufe 5 rühren. Die Gläser
mit Butter gut einfetten und mit Semmelbrösel einstreuen.
Nun die Gläser zur Hälfte mit Teig befüllen und auf das
Backblech stellen. Bei 180 Grad Ober und Unterhitze ca.
30 Minuten backen. Danach die Gläser sofort
verschließen.

Apfel Marzipan Kuchen im Glas

Zutaten
5 Eier
200 g Zucker
1 Pck. Vanillezucker
250 g Öl
150 g Sahne
100 g Apfelmus
100 g Äpfel in Stücken
50 g Rosinen
50 g Mandeln, gemahlen
250 g Mehl
½ TL Zimt
1 Pck. Backpulver

12 Gläser für jeweils 240 ml Inhalt
etwas Butter und Semmelbrösel für die
Gläser

Zubereitung
Alle Zutaten in den Mixtopf geben. Auf Stufe 5/ 1
Minute rühren. Den Teig nach unten schieben und
nochmals 30 Sekunden auf Stufe 5 rühren. Die Gläser
mit Butter gut einfetten und mit Semmelbrösel einstreuen.
Nun die Gläser zur Hälfte mit Teig befüllen und auf das
Backblech stellen. Bei 180 Grad Ober und Unterhitze ca.
30 Minuten backen. Danach die Gläser sofort
verschließen. Hübsch dekorieren.

Gummibärchen Kuchen im Glas

Zutaten
5 Eier
200 g Zucker
1 Pck. Vanillezucker
250 g Öl
250 g Sahne
250 g Mehl
150 g Gummibärchen
1 Pck. Backpulver

12 Gläser für jeweils 240 ml Inhalt
etwas Butter und Semmelbrösel für die
Gläser

Zubereitung
Alle Zutaten in den Mixtopf geben. Auf Stufe 5/ 1
Minute rühren. Den Teig nach unten schieben und
nochmals 30 Sekunden auf Stufe 5 rühren. Die Gläser
mit Butter gut einfetten und mit Semmelbrösel einstreuen.
Nun die Gläser zur Hälfte mit Teig befüllen und auf das
Backblech stellen. Bei 180 Grad Ober und Unterhitze ca.
30 Minuten backen. Danach die Gläser sofort
verschließen.

Schwarzwälder Kirsch Kuchen im Glas

Zutaten
5 Eier
200 g Zucker
1 Pck. Vanillezucker
250 g Öl
250 g Sahne
250 g Mehl
50 g Kakao
100 g Kirschen aus dem Glas
50 g Kirschwasser
100 g gemahlene Mandeln
100 g Schokostreusel
1 Pck. Backpulver

12 Gläser für jeweils 240 ml Inhalt
etwas Butter und Semmelbrösel für die
Gläser

Zubereitung
Alle Zutaten in den Mixtopf geben. Auf Stufe 5/ 1
Minute rühren. Den Teig nach unten schieben und
nochmals 30 Sekunden auf Stufe 5 rühren. Die Gläser
mit Butter gut einfetten und mit Semmelbrösel einstreuen.
Nun die Gläser zur Hälfte mit Teig befüllen und auf das
Backblech stellen. Bei 180 Grad Ober und Unterhitze ca.
30 Minuten backen. Danach die Gläser sofort
verschließen. Dekorieren und gegebenenfalls
verschenken.

Kokos Rum Kuchen im Glas

Zutaten
5 Eier
100 g Zucker, weiß
100 g Zucker, braun
1 Pck. Vanillezucker
250 g Öl
250 g Sahne
250 g Mehl
50 g Rum
100 g Kokosflocken
1 Fläschchen Rumaroma
1 Pck. Backpulver

12 Gläser für jeweils 240 ml Inhalt
etwas Butter und Semmelbrösel für die
Gläser

Zubereitung
Alle Zutaten in den Mixtopf geben. Auf Stufe 5/ 1
Minute rühren. Den Teig nach unten schieben und
nochmals 30 Sekunden auf Stufe 5 rühren. Die Gläser
mit Butter gut einfetten und mit Semmelbrösel einstreuen.
Nun die Gläser zur Hälfte mit Teig befüllen und auf das
Backblech stellen. Bei 180 Grad Ober und Unterhitze ca.
30 Minuten backen. Danach die Gläser sofort
verschließen.

Pflaumenmus Zimt Kuchen im Glas

Zutaten
5 Eier
200 g Zucker
1 Pck. Vanillezucker
250 g Öl
250 g Sahne
250 g Mehl
100 g Pflaumenmus
1 TL Zimt
1 Prise Pfeffer
50 g Nutella
1 Pck. Backpulver

12 Gläser für jeweils 240 ml Inhalt
etwas Butter und Semmelbrösel für die
Gläser

Zubereitung
Alle Zutaten in den Mixtopf geben. Auf Stufe 5/ 1
Minute rühren. Den Teig nach unten schieben und
nochmals 30 Sekunden auf Stufe 5 rühren. Die Gläser
mit Butter gut einfetten und mit Semmelbrösel einstreuen.
Nun die Gläser zur Hälfte mit Teig befüllen und auf das
Backblech stellen. Bei 180 Grad Ober und Unterhitze ca.
30 Minuten backen. Danach die Gläser sofort
verschließen.

Macadamia Weiße Schokoladen Kuchen im Glas

Zutaten
5 Eier
200 g Zucker
1 Pck. Vanillezucker
250 g Öl
250 g Sahne
250 g Mehl
100 g Weiße Schokolade, gehackt
100 g Macadamia, gehackt
1 Pck. Backpulver

12 Gläser für jeweils 240 ml Inhalt
etwas Butter und Semmelbrösel für die
Gläser

Zubereitung
Alle Zutaten in den Mixtopf geben. Auf Stufe 5/ 1
Minute rühren. Den Teig nach unten schieben und
nochmals 30 Sekunden auf Stufe 5 rühren. Die Gläser
mit Butter gut einfetten und mit Semmelbrösel einstreuen.
Nun die Gläser zur Hälfte mit Teig befüllen und auf das
Backblech stellen. Bei 180 Grad Ober und Unterhitze ca.
30 Minuten backen. Danach die Gläser sofort
verschließen. Der Kuchen ist dann ca. 3 Monate haltbar.

Schoko Chili Kuchen im Glas

Zutaten
5 Eier
200 g Zucker
1 Pck. Vanillezucker
250 g Öl
250 g Sahne
250 g Mehl
50 g Kakao
1 gute Prise Chili
100 g Vollmilch Schokolade, gehackt
1 Pck. Backpulver

12 Gläser für jeweils 240 ml Inhalt
etwas Butter und Semmelbrösel für die
Gläser

Zubereitung
Alle Zutaten in den Mixtopf geben. Auf Stufe 5/ 1
Minute rühren. Den Teig nach unten schieben und
nochmals 30 Sekunden auf Stufe 5 rühren. Die Gläser
mit Butter gut einfetten und mit Semmelbrösel einstreuen.
Nun die Gläser zur Hälfte mit Teig befüllen und auf das
Backblech stellen. Bei 180 Grad Ober und Unterhitze ca.
30 Minuten backen. Danach die Gläser sofort
verschließen.

Lebkuchen im Glas

Zutaten
5 Eier
200 g Zucker
1 Pck. Vanillezucker
250 g Öl
250 g Sahne
250 g Mehl
1 TL Lebkuchengewürz
50 g Kakao
1 Prise Zimt
1 Prise Nelke
1 Pck. Backpulver

12 Gläser für jeweils 240 ml Inhalt
etwas Butter und Semmelbrösel für die
Gläser

Zubereitung
Alle Zutaten in den Mixtopf geben. Auf Stufe 5/ 1
Minute rühren. Den Teig nach unten schieben und
nochmals 30 Sekunden auf Stufe 5 rühren. Die Gläser
mit Butter gut einfetten und mit Semmelbrösel einstreuen.
Nun die Gläser zur Hälfte mit Teig befüllen und auf das
Backblech stellen. Bei 180 Grad Ober und Unterhitze ca.
30 Minuten backen. Danach die Gläser sofort
verschließen. Gegebenenfalls weihnachtlich dekorieren.

Himbeere Bananen Marmelade

Zutaten
300 g Bananen
500 g Gelierzucker 1:2
700 g Himbeeren aufgetaut
1 Prise Zimt

Zubereitung
Das Obst in den Mixtopf geben. Auf Stufe 5 / 2 Minuten zerkleinern. Nun den Gelierzucker in den Topf schütten. Jetzt ca. 17 Minuten / 100 Grad / Stufe 2. Jetzt kann die Leckerei umgefüllt werden. Die Gläser vorsichtshalber auf den Kopf stellen.

Erdbeere Balsamico Marmelade

Zutaten
100 g Balsamico
500 g Gelierzucker 1:2
900 g Erdbeeren

Zubereitung
Das Obst und den Balsamico in den Mixtopf geben. Auf
Stufe 5 / 2 Minuten zerkleinern. Nun den Gelierzucker in
den Topf schütten.
Jetzt ca. 17 Minuten / 100 Grad / Stufe 2. Die
Marmelade kann umgefüllt werden. Wegen den
Balsamico vor den Verzehr nochmals eine Woche ziehen
lassen.

Avocado Aprikosen Marmelade

Zutaten
300 g Avocadomark
500 g Gelierzucker 1:2
700 g Aprikosen entsteint

Zubereitung
Das Obst in den Mixtopf geben. Auf Stufe 5 / 2 Minuten
zerkleinern. Nun den Gelierzucker in den Topf schütten.
Jetzt ca. 17 Minuten / 100 Grad / Stufe 2. Jetzt kann die
Leckerei umgefüllt werden. Die Gläser vorsichtshalber
auf den Kopf stellen.

Birnen Marzipan Marmelade

Zutaten
300 g Marzipanrohmasse
1 Röhrchen Bittermandelöl
500 g Gelierzucker 1:2
700 g Birnen, entsteint und geschält

Zubereitung
Das Obst und Marzipan in den Mixtopf geben. Auf Stufe
5 / 2 Minuten zerkleinern. Nun den Gelierzucker in den
Topf schütten.
Jetzt ca. 17 Minuten / 100 Grad / Stufe 2. Jetzt kann die
Leckerei umgefüllt werden. Die Gläser vorsichtshalber
auf den Kopf stellen.

Apfel Mohn Marmelade

Zutaten
200 g Mohn
500 g Gelierzucker 1:2
800 g Äpfel, geschält und entkernt
1 Prise Zimt

Zubereitung
Das Obst in den Mixtopf geben. Auf Stufe 5 / 2 Minuten
zerkleinern. Nun den Gelierzucker in den Topf schütten.
Jetzt ca. 17 Minuten / 100 Grad / Stufe 2. Alles in
saubere Gläser umfüllen.

Brombeere Marmelade

Zutaten
1000 g Brombeeren
500 g Gelierzucker 1:2

Zubereitung
Das Obst in den Mixtopf geben. Auf Stufe 5 / 2 Minuten
zerkleinern. Nun den Gelierzucker in den Topf schütten.
Jetzt ca. 17 Minuten / 100 Grad / Stufe 2. Jetzt kann die
Leckerei umgefüllt werden. Die Gläser vorsichtshalber
auf den Kopf stellen.

Clementinen Bananen Marmelade

Zutaten
300 g Bananen
500 g Gelierzucker 1:2
700 g Clementinen geschält
1 Pck. Vanillezucker

Zubereitung
Das Obst und den Vanillezucker in den Mixtopf geben.
Auf Stufe 5 / 2 Minuten zerkleinern. Nun den
Gelierzucker in den Topf schütten.
Jetzt ca. 17 Minuten / 100 Grad / Stufe 2. Nun kann die
Marmelade umgefüllt werden.

Feigen Zimt Marmelade

Zutaten
1000 g Feigen
500 g Gelierzucker 1:2
1TL Zimt
1 TL Vanillezucker
1 Prise Nelke

Zubereitung
Das Obst und Gewürze in den Mixtopf geben. Auf Stufe
5 / 2 Minuten zerkleinern. Nun den Gelierzucker in den
Topf schütten.
Jetzt ca. 17 Minuten / 100 Grad / Stufe 2. Jetzt kann die
Marmelade umgefüllt werden. Die Gläser auf den Kopf
stellen.

Granatapfel Rotwein Marmelade

Zutaten
300 g Rotwein
500 g Gelierzucker 1:2
700 g Granatapfelfleisch
aus der Schale gelöst
1 Prise Zimt

Zubereitung
Das Obst und Zimt in den Mixtopf geben. Auf Stufe 5 / 2
Minuten zerkleinern. Nun den Gelierzucker in den Topf
schütten.
Jetzt ca. 17 Minuten / 100 Grad / Stufe 2. Jetzt kann die
Leckerei umgefüllt werden. Die Gläser vorsichtshalber
auf den Kopf stellen.

Heidelbeere Marmelade

Zutaten
1000 g Heidelbeeren
500 g Gelierzucker 1:2
1 Pck. Vanillezucker

Zubereitung
Das Obst und den Vanillezucker in den Mixtopf geben.
Auf Stufe 5 / 2 Minuten zerkleinern. Nun den
Gelierzucker in den Topf schütten.
Jetzt ca. 17 Minuten / 100 Grad / Stufe 2. Jetzt kann die
Leckerei umgefüllt werden.

Honigmelone Holunder Marmelade

Zutaten
300 g Holunder
500 g Gelierzucker 1:2
700 g Honigmelone geschält

Zubereitung
Das Obst in den Mixtopf geben. Auf Stufe 5 / 2 Minuten
zerkleinern. Nun den Gelierzucker in den Topf schütten.
Jetzt ca. 17 Minuten / 100 Grad / Stufe 2. Jetzt kann die
Leckerei umgefüllt werden. Die Gläser vorsichtshalber
auf den Kopf stellen.

Himbeere Avocado Marmelade

Zutaten
300 g Avocado
500 g Gelierzucker 1:2
700 g Himbeeren aufgetaut

Zubereitung
Das Obst in den Mixtopf geben. Auf Stufe 5 / 2 Minuten
zerkleinern. Nun den Gelierzucker in den Topf schütten.
Jetzt ca. 17 Minuten / 100 Grad / Stufe 2. Jetzt kann die
Leckerei umgefüllt werden. Die Gläser vorsichtshalber
auf den Kopf stellen.

Kiwi Avocado Marmelade

Zutaten
300 g Avocado
500 g Gelierzucker 1:2
700 g Kiwi geschält

Zubereitung
Das Obst in den Mixtopf geben. Auf Stufe 5 / 2 Minuten
zerkleinern. Nun den Gelierzucker in den Topf schütten.
Jetzt ca. 17 Minuten / 100 Grad / Stufe 2. Jetzt kann die
Leckerei umgefüllt werden. Die Gläser vorsichtshalber
auf den Kopf stellen.

Schoko Kirsch Marmelade

Zutaten
300 g Schokostreusel
500 g Gelierzucker 1:2
800 g Kirschen gewaschen
und entsteint
1 Prise Zimt

Zubereitung
Das Obst in den Mixtopf geben. Auf Stufe 5 / 2 Minuten
zerkleinern. Nun den Gelierzucker in den Topf schütten.
Jetzt ca. 17 Minuten / 100 Grad / Stufe 2. Nun die
Schokostreusel einfüllen und 5 Sekunden / Stufe 1. Jetzt
kann die Leckerei umgefüllt werden. Die Gläser
vorsichtshalber auf den Kopf stellen.

Lychee Marmelade

Zutaten
900 g Lychee
500 g Gelierzucker 1:2
100 g Weißwein

Zubereitung
Das Obst und den Wein in den Mixtopf geben. Auf Stufe 5 / 2 Minuten zerkleinern. Nun den Gelierzucker in den Topf schütten.
Jetzt ca. 17 Minuten / 100 Grad / Stufe 2. Jetzt kann die Marmelade noch heiß umgefüllt werden.

Mango Maracuja Marmelade

Zutaten
500g Mango geschält
500 g Gelierzucker 1:2
500 g Maracujamark
100 g Orangensaft

Zubereitung
Das Obst und den Saft in den Mixtopf geben. Auf Stufe 5 / 2 Minuten zerkleinern. Nun den Gelierzucker in den Topf schütten.
Jetzt ca. 17 Minuten / 100 Grad / Stufe 2. Jetzt kann die Leckerei umgefüllt werden. Die Gläser vorsichtshalber auf den Kopf stellen.

Mirabellen Weißwein Marmelade

Zutaten
800 g Mirabellen entkernt
500 g Gelierzucker 1:2
200 g Weißwein

Zubereitung
Das Obst und den Wein in den Mixtopf geben. Auf Stufe
5 / 2 Minuten zerkleinern. Nun den Gelierzucker in den
Topf schütten.
Jetzt ca. 17 Minuten / 100 Grad / Stufe 2. Jetzt kann die
Leckerei umgefüllt werden.

Orangen Chili Marmelade

Zutaten
1000 g Orangen geschält
500 g Gelierzucker 1:2
1 gute Prise Chili

Zubereitung
Das Obst und Chili in den Mixtopf geben. Auf Stufe 5 / 2
Minuten zerkleinern. Nun den Gelierzucker in den Topf
schütten.
Jetzt ca. 17 Minuten / 100 Grad / Stufe 2. Alles umfüllen
und genießen.

Pfirsich Bananen Marmelade

Zutaten
300 g Banane
500 g Gelierzucker 1:2
700 g Pfirsich entkernt

Zubereitung
Das Obst in den Mixtopf geben. Auf Stufe 5 / 2 Minuten zerkleinern. Nun den Gelierzucker in den Topf schütten. Jetzt ca. 17 Minuten / 100 Grad / Stufe 2. Jetzt kann die Leckerei umgefüllt werden. Die Gläser vorsichtshalber auf den Kopf stellen.

Pomelo Gewürz Marmelade

Zutaten
1000 g Pomelo geschält
500 g Gelierzucker 1:2
½ TL Nelke
½ TL Kardamom
1 Prise Muskat
½ TL Zimt

Zubereitung
Das Obst und die Gewürze in den Mixtopf geben. Auf
Stufe 5 / 2 Minuten zerkleinern. Nun den Gelierzucker in
den Topf schütten.
Jetzt ca. 17 Minuten / 100 Grad / Stufe 2. Alles in
hübsche Gefäße füllen.

Papaya Birnen Marmelade

Zutaten
500 g Papaya
500 g Gelierzucker 1:2
500 g Birne geschält und entkernt

Zubereitung
Das Obst in den Mixtopf geben. Auf Stufe 5 / 2 Minuten
zerkleinern. Nun den Gelierzucker in den Topf schütten.
Jetzt ca. 17 Minuten / 100 Grad / Stufe 2. Jetzt kann die
Leckerei umgefüllt werden. Die Gläser vorsichtshalber
auf den Kopf stellen.

Weintrauben Wassermelone Marmelade

Zutaten
500 g Weintraube
500 g Gelierzucker 1:2
500 g Wassermelone geschält

Zubereitung
Das Obst in den Mixtopf geben. Auf Stufe 5 / 2 Minuten
zerkleinern. Nun den Gelierzucker in den Topf schütten.
Jetzt ca. 17 Minuten / 100 Grad / Stufe 2. Jetzt kann die
Marmelade umgefüllt werden. Die Gläser vorsichtshalber
auf den Kopf stellen.

Gelee

Weißwein Gelee

Zutaten
700 g Weißwein (trocken)
500 g Gelierzucker 2 plus 1
10 g Zitronensaft

Zubereitung
Die Zutaten in den Mixtopf füllen und 30 Sekunden /
Stufe 5 mischen. Dann auf 100 Grad / Stufe 2 / ca. 19
Minuten kochen. Zwischendurch mal eine Gelierprobe
machen und umfüllen.

Holunderbeersaft Gelee

Zutaten
700 g Holunderbeersaft
500 g Gelierzucker 2:1

Zubereitung
Die Zutaten in den Mixtopf füllen und 30 Sekunden /
Stufe 5 mischen. Dann auf 100 Grad / Stufe 2 / ca. 19
Minuten kochen. Zwischendurch mal eine Gelierprobe
machen und umfüllen. Wichtig ist es, das alles richtig
durchkocht, der Zucker muss sich lösen.

Johannisbeere Vanille Gelee

Zutaten
700 g Johannisbeersaft
500 g Gelierzucker 2:1
2 Pck. Vanillezucker

Zubereitung
Die Zutaten in den Mixtopf füllen und 30 Sekunden /
Stufe 5 mischen. Dann auf 100 Grad / Stufe 2 / ca. 19
Minuten kochen. Zwischendurch mal eine Gelierprobe
machen und umfüllen. Wichtig ist es, das alles richtig
durchkocht, der Zucker muss sich lösen.

Holunderbeersaft Gelee

Zutaten
700 g Holunderbeersaft
500 g Gelierzucker 2:1

Zubereitung
Die Zutaten in den Mixtopf füllen und 30 Sekunden /
Stufe 5 mischen. Dann auf 100 Grad / Stufe 2 / ca. 19
Minuten kochen. Zwischendurch mal eine Gelierprobe
machen und umfüllen. Wichtig ist es, das alles richtig
durchkocht, der Zucker muss sich lösen.

Glühwein Gelee

Zutaten
700 g Glühwein
500 g Gelierzucker 2:1

Zubereitung
Die Zutaten in den Mixtopf füllen und 30 Sekunden /
Stufe 5 mischen. Dann auf 100 Grad / Stufe 2 / ca. 19
Minuten kochen. Zwischendurch mal eine Gelierprobe
machen und umfüllen.

Grüntee Gelee

Zutaten
700 g Grüntee
500 g Gelierzucker 2:1

Zubereitung
Die Zutaten in den Mixtopf füllen und 30 Sekunden /
Stufe 5 mischen. Dann auf 100 Grad / Stufe 2 / ca. 19
Minuten kochen. Zwischendurch mal eine Gelierprobe
machen und umfüllen.

Multivitamin Gelee

Zutaten
700 g Multivitaminsaft
500 g Gelierzucker 2:1

Zubereitung
Die Zutaten in den Mixtopf füllen und 30 Sekunden /
Stufe 5 mischen. Dann auf 100 Grad / Stufe 2 / ca. 19
Minuten kochen. Zwischendurch mal eine Gelierprobe
machen und umfüllen. Wichtig ist es, das alles richtig
durchkocht, der Zucker muss sich lösen.

Birnen Gelee

Zutaten
650 g Birnensaft
50 g klarer Schnaps
500 g Gelierzucker 2:1

Zubereitung
Die Zutaten in den Mixtopf füllen und 30 Sekunden /
Stufe 5 mischen. Dann auf 100 Grad / Stufe 2 / ca. 19
Minuten kochen. Zwischendurch mal eine Gelierprobe
machen und umfüllen. Wichtig ist es, das alles richtig
durchkocht, der Zucker muss sich lösen.

Rum Rosinen Gelee

Zutaten
100 g Rum
100 g Rosinen
500 g Wasser
500 g Gelierzucker 2:1

Zubereitung
Die Zutaten in den Mixtopf füllen und 30 Sekunden /
Stufe 5 mischen. Dann auf 100 Grad / Stufe 2 / ca. 19
Minuten kochen. Zwischendurch mal eine Gelierprobe
machen und umfüllen. Wichtig ist es, das alles richtig
durchkocht, der Zucker muss sich lösen.

Blutorangen Gelee

Zutaten
700 g Blutorangensaft
1 Pck. Vanillezucker
500 g Gelierzucker 2:1

Zubereitung
Die Zutaten in den Mixtopf füllen und 30 Sekunden /
Stufe 5 mischen. Dann auf 100 Grad / Stufe 2 / ca. 19
Minuten kochen. Zwischendurch mal eine Gelierprobe
machen und umfüllen. Wichtig ist es, das alles richtig
durchkocht, der Zucker muss sich lösen.

Kirsch Chili Gelee

Zutaten
700 g Kirschsaft
500 g Gelierzucker 2:1
1 Prise Chili

Zubereitung
Die Zutaten in den Mixtopf füllen und 30 Sekunden /
Stufe 5 mischen. Dann auf 100 Grad / Stufe 2 / ca. 19
Minuten kochen. Zwischendurch mal eine Gelierprobe
machen und umfüllen.

Rote Bete Gelee

Zutaten
600 g Rote Bete Saft
100 g Apfelsaft
500 g Gelierzucker 2:1

Zubereitung
Die Zutaten in den Mixtopf füllen und 30 Sekunden /
Stufe 5 mischen. Dann auf 100 Grad / Stufe 2 / ca. 19
Minuten kochen. Zwischendurch mal eine Gelierprobe
machen und umfüllen. Wichtig ist es, das alles richtig
durchkocht, der Zucker muss sich lösen.

Apfel Karotten Gelee

Zutaten
400 g Karottensaft
300 g Apfelsaft
1 Prise Pfeffer schwarz
500 g Gelierzucker 2:1

Zubereitung
Die Zutaten in den Mixtopf füllen und 30 Sekunden /
Stufe 5 mischen. Dann auf 100 Grad / Stufe 2 / ca. 19
Minuten kochen. Zwischendurch mal eine Gelierprobe
machen und umfüllen. Wichtig ist es, das alles richtig
durchkocht, der Zucker muss sich lösen.

Granatapfel Rotwein Gelee

Zutaten
350 g Rotwein
350 g Granatapfelsaft
½ TL Zimt
500 g Gelierzucker 2:1

Zubereitung
Die Zutaten in den Mixtopf füllen und 30 Sekunden /
Stufe 5 mischen. Dann auf 100 Grad / Stufe 2 / ca. 19
Minuten kochen. Zwischendurch mal eine Gelierprobe
machen und umfüllen.

Apfel Gelee

Zutaten
700 g Apfelsaft
500 g Gelierzucker 2:1
1 TL Zimt

Zubereitung
Die Zutaten in den Mixtopf füllen und 30 Sekunden /
Stufe 5 mischen. Dann auf 100 Grad / Stufe 2 / ca. 19
Minuten kochen. Zwischendurch mal eine Gelierprobe
machen und umfüllen. Wichtig ist es, das alles richtig
durchkocht, der Zucker muss sich lösen.

Tomaten Basilikum Gelee

Zutaten
700 g Tomatensaft
50 g Basilikum frisch
1 Knoblauchzehe
1 Prise Pfeffer
500 g Gelierzucker 2:1

Zubereitung
Die Zutaten in den Mixtopf füllen und 30 Sekunden /
Stufe 5 mischen. Dann auf 100 Grad / Stufe 2 / ca. 19
Minuten kochen. Zwischendurch mal eine Gelierprobe
machen und umfüllen. Wichtig ist es, das alles richtig
durchkocht, der Zucker muss sich lösen.

Kokos Gelee

Zutaten
700 g Kokosmilch
100 g Kokosflocken
500 g Gelierzucker 2:1

Zubereitung
Die Zutaten in den Mixtopf füllen und 30 Sekunden /
Stufe 5 mischen. Dann auf 100 Grad / Stufe 2 / ca. 19
Minuten kochen. Zwischendurch mal eine Gelierprobe
machen und umfüllen. Wichtig ist es, das alles richtig
durchkocht, der Zucker muss sich lösen.

Karamell Gelee

Zutaten
150 g Monin Karamell Sirup
100 g Kondensmilch
450 g Wasser
500 g Gelierzucker 2:1

Zubereitung
Die Zutaten in den Mixtopf füllen und 30 Sekunden /
Stufe 5 mischen. Dann auf 100 Grad / Stufe 2 / ca. 19
Minuten kochen. Zwischendurch mal eine Gelierprobe
machen und umfüllen. Wichtig ist es, das alles richtig
durchkocht, der Zucker muss sich lösen.

Curd

Orangen Curd

Zutaten
4 Eier
120 g Butter
400 g Zucker
140 g Orangensaftkonzentrat
abgeriebene Schale einer
Bio Orange

Zutaten
Alle Zutaten in den Mixtopf geben und ca. 20 Minuten /
90 Grad / Stufe 2 eindicken lassen. Die Masse umfüllen
und im Kühlschrank aufbewahren.

Erdbeere Curd

Zutaten
4 Eier
120 g Butter
400 g Zucker
80 g Kondensmilch
60 g Erdbeermilchpulver

Zutaten
Alle Zutaten in den Mixtopf geben und ca. 20 Minuten /
90 Grad / Stufe 2 eindicken lassen. Die Masse umfüllen
und im Kühlschrank aufbewahren.

Schoko Mandel Curd

Zutaten
4 Eier
120 g Butter
400 g Zucker
140 g Kondensmilch
50 g Kakaopulver
70 g gemahlene Mandeln
1 Pck. Vanillezucker

Zutaten
Alle Zutaten in den Mixtopf geben und ca. 20 Minuten /
90 Grad / Stufe 2 eindicken lassen. Die Masse umfüllen
und im Kühlschrank aufbewahren.

Milch Curd

Zutaten
4 Eier
120 g Butter
400 g Zucker
140 g Kondensmilch

Zutaten
Alle Zutaten in den Mixtopf geben und ca. 20 Minuten /
90 Grad / Stufe 2 eindicken lassen. Die Masse umfüllen
und im Kühlschrank aufbewahren.

Sonnenblumenkern Curd

Zutaten
4 Eier
120 g Butter
400 g Zucker
140 g Kondensmilch
100 g geröstete Sonnenblumenkerne

Zutaten
Alle Zutaten in den Mixtopf geben und ca. 20 Minuten /
90 Grad / Stufe 2 eindicken lassen. Die Masse umfüllen
und im Kühlschrank aufbewahren.

Zitronen Curd

Zutaten
4 Eier
120 g Butter
400 g Zucker
140 g Kondensmilch
Saft einer Zitrone
Abgeriebene Schale einer
Bio Zitrone

Zutaten
Alle Zutaten in den Mixtopf geben und ca. 20 Minuten /
90 Grad / Stufe 2 eindicken lassen. Die Masse umfüllen
und im Kühlschrank aufbewahren.

Zimt Curd

Zutaten
4 Eier
120 g Butter
400 g Zucker
140 g Kondensmilch
1 gehäufter TL Zimt

Zutaten
Alle Zutaten in den Mixtopf geben und ca. 20 Minuten /
90 Grad / Stufe 2 eindicken lassen. Die Masse umfüllen
und im Kühlschrank aufbewahren.

Bananen Curd

Zutaten
4 Eier
120 g Butter
400 g Zucker
140 g Kondensmilch
50 g Bananenmilch Pulver

Zutaten
Alle Zutaten in den Mixtopf geben und ca. 20 Minuten /
90 Grad / Stufe 2 eindicken lassen. Die Masse umfüllen
und im Kühlschrank aufbewahren.

Johannisbeere Curd

Zutaten
4 Eier
120 g Butter
400 g Zucker
140 g Kondensmilch
50 g Johannisbeere Marmelade

Zutaten
Alle Zutaten in den Mixtopf geben und ca. 20 Minuten /
90 Grad / Stufe 2 eindicken lassen. Die Masse umfüllen
und im Kühlschrank aufbewahren.

Waldmeister Curd

Zutaten
4 Eier
120 g Butter
400 g Zucker
120 g Kondensmilch
50 g Waldmeistersirup

Zutaten
Alle Zutaten in den Mixtopf geben und ca. 20 Minuten /
90 Grad / Stufe 2 eindicken lassen. Die Masse umfüllen
und im Kühlschrank aufbewahren.

Vanille Rosinen Curd

Zutaten
4 Eier
120 g Butter
400 g Zucker
140 g Kondensmilch
100 g Rosinen
Mark einer Vanilleschote

Zutaten
Alle Zutaten in den Mixtopf geben und ca. 20 Minuten /
90 Grad / Stufe 2 eindicken lassen. Die Masse umfüllen
und im Kühlschrank aufbewahren.

Himbeere Curd

Zutaten
4 Eier
120 g Butter
400 g Zucker
140 g Kondensmilch
50 g Himbeere Marmelade

Zutaten
Alle Zutaten in den Mixtopf geben und ca. 20 Minuten /
90 Grad / Stufe 2 eindicken lassen. Die Masse umfüllen
und im Kühlschrank aufbewahren.

Nachtrag zum Impressum/ Copyright

Fotolia com
- quipu
- Picture Factory
- A. Lein
- Michael Tewes
- HL Photo

Herstellung und Verlag:
BoD - Books on Demand, Norderstedt
ISBN 978-3-7392-1659-1